RECHERCHES

SUR LES

HAUTES JUSTICES FÉODALES

EXISTANT EN 1789

Dans les limites du département de la Seine-Inférieure

Par le Comte d'ESTAINTOT

ROUEN

A. LESTRINGANT, Libraire

11, rue Jeanne Darc.

—

1892

RECHERCHES

SUR LES

HAUTES JUSTICES FÉODALES

EXISTANT EN 1789

Dans les limites du département de la Seine-Inférieure

Par le Comte d'ESTAINTOT

ROUEN

A. LESTRINGANT, Libraire

11, rue Jeanne Darc.

—

1892

RECHERCHES

SUR LES

HAUTES JUSTICES FÉODALES

EXISTANT EN 1789

DANS LES LIMITES DU DÉPARTEMENT DE LA SEINE-INFÉRIEURE

———

Parmi les sombres légendes du passé, il en est peu qui aient plus exercé la verve du romancier que l'exercice, ou plutôt l'abus du droit de haute justice, par le seigneur féodal. On croit devoir l'associer à l'existence, aujourd'hui de plus en plus rare, des ruines de nos vieux manoirs fortifiés. En est-il un seul où n'existe quelque tour antique, au fond de laquelle l'œil du visiteur ne soit invité à plonger dans les ténèbres de quelques noires oubliettes, où seraient venues s'entasser les victimes du haut justicier ; on m'en a conté la légende lorsque je visitais, il y a plus de trente ans, les basses fosses du donjon de Valmont; on doit les raconter bien ailleurs.

L'histoire, au moins en ce qui concerne la Normandie est peu d'accord avec ces souvenirs. Dans notre province, le droit de haute justice, comme nous en fournirons tout à l'heure la preuve, ne fut que bien tard associé aux droits des seigneurs féodaux. Il resta une dépendance étroite de la souveraineté de nos ducs, et nous doutons qu'il y ait des preuves de son octroi à des seigneurs laïcs, tant que la Normandie ne fut pas réunie à la Couronne.

Brussel, dans son *Usage général des fiefs* (1), le note expressément : « De plus, dit-il, il est à remarquer, que tant qu'il y eut des ducs en Normandie de sang normand et angevin, nul seigneur n'eut la haute justice dans la province. »

Peut-être faudrait-il faire exception pour quelques-unes de nos anciennes abbayes royales, qui pouvaient appuyer leurs droits sur des diplômes mérovingiens ou carlovingiens.

L'abbaye de Saint-Ouen paraît vouloir faire remonter les siens à un diplôme de Charles le Chauve (2). Mais l'abbaye de Fécamp, dans une charte de 1211, reproduite par Brussel (3), semble ne les faire dater de droit qu'à Philippe-Auguste. L'archevêché de Rouen n'invoque à l'appui du sien, que la concession faite, dans

(1) T. I, p. 252.
(2) D. Pommeraye, p. 403.
(3) *Ibid.*, p. 262.

un acte d'échange avec le roi saint Louis (1262), où le roi lui concède Gaillon avec l'Alihermont « *cum omni modo jurisdictione et justitia et pleno jure legali* (1). »

Nous verrons dans un instant les renseignements que fournissent à cet égard nos anciens Coutumiers.

Ce fut seulement à partir de la domination des rois de France, devenus ducs de Normandie, que commencèrent ces concessions; et encore n'eurent-elles lieu de leur part qu'à titre exceptionnel, soit qu'il s'agît de grands services rendus à la Couronne, soit qu'elles fussent jointes à des inféodations ou à des échanges du domaine royal. Nous avons eu l'occasion de citer ailleurs (2) un exemple du premier genre, lorsque Louis XI, par lettres de mars 1479, accordait à Jacques d'Estouteville, seigneur de Hambie et Valmont, le droit de haute justice sur ses terres du pays de Caux; on en trouvera d'autres dans l'érection des grands fiefs titrés de notre pays, le comté-pairie d'Eu, les duchés de Longueville, d'Aumale, d'Estouteville ou d'Elbeuf, les comtés de Lillebonne ou de Maulévrier, la châtellenie de Cany-Canyel.

Aussi, doutons-nous fort que dans un pays où, dès les temps les plus reculés, nos paysans, de bonne heure affranchis, surent toujours revendiquer et faire valoir leurs droits, les seigneurs hauts justiciers se soient jamais rendus coupables de ces abus, trop justifiés peut-être dans d'autres provinces.

Ce ne fut enfin qu'à une époque très récente que la royauté, aux prises avec des difficultés fiscales, songea

(1) D. Pommeraye, p. 265.
(2) *Recherches sur les sires et le Duché d'Estouteville*, p. 58.

6

à battre monnaie avec la concession de ce droit ; il cessa
d'être attribué à titre de récompense honorifique, pour
être adjugé au plus offrant et dernier enchérisseur.

C'est en effet au règne de Louis XIV et aux embarras
financiers de ses dernières années qu'il faut rattacher
cette transformation. Une déclaration du mois d'avril
1702 a été le code de cette dernière évolution, après
qu'elle se fut une première fois manifestée dans un édit
du mois de mars 1695, dont l'exécution avait été momen-
tanément suspendue par la paix de Riswyck.

En voici la partie la plus intéressante (1) :

« La paix dont le traité fut conclu à Riswick en
l'année 1697 nous aiant mis en état de pouvoir nous
passer de secours extraordinaires, nous aurions fait
surseoir l'exécution de notre Edit du mois de mars 1695
et des déclarations et arrêts donnés en conséquence par
lesquels nous avions ordonné l'aliénation de nos
domaines et de partie de nos justices, par démembrement
du ressort de nos sièges royaux subalternes... ; mais
les dépenses inévitables auxquelles nous nous trouvons
engagés nous obligeant de remettre en usage tous les
moyens dont nous avons coutume de nous servir dans
nos besoins, nous avons cru ne pouvoir rien faire qui
fut moins à charge à nos sujets et qui put causer moins
de diminution à nos revenus ordinaires que d'ordonner
l'exécution desdits édits et déclarations, en ce qui regarde
l'aliénation des justices de nos sièges royaux subalternes,

____

(1) *Recueil des Édits enregistrés au Parlement de Normandie de 1700
à 1706*, p. 60.

comme aussi l'aliénation des droits de chasse et de pêche,
ensemble des droits honorifiques de patronage et autres
qui nous appartiennent à cause de nos domaines... A
ces causes... voulons et nous plaît que conformément à
notre édit du mois de mars 1695, il soit procédé par les
commissaires qui seront par nous à ce députés, à la vente
et inféodation, à titre de propriété incommutable, des justices et seigneuries des paroisses dépendantes des prévotés, vicomtés, chatellenies, vigueries et autres nos
juridictions ordinaires de l'étendue de notre royaume...
lesquelles justices et seigneuries seront et demeureront
après l'adjudication qui en aura été faite, démembrées
et distraites du siège principal du chef-lieu dont elles
dépendent. Voulons qu'èsdites ventes et aliénations
puissent être aussi compris les droits de patronage, de
chasse et de pêche et autres droits utils et honorifiques,
tels qu'ils appartiennent aux seigneurs haut justiciers
suivant la coutume des lieux. Pour par les acquéreurs
desdites hautes justices,.. en jouir à perpétuité... avec
faculté d'instituer les officiers nécessaires pour exercer
en leur nom la justice haute, moienne et basse, dans
l'étendue desdites paroisses et connoître généralement
de toutes causes et entre toutes personnes tant en matière
civile que criminelle. Voulons que les appellations des
sentences qui auront été rendues par les juges et officiers
desdites justices soient relevées aux bailliages, séné-
chaussées et autres sièges où ressortissent les appellations des prévotés, vicomtés et châtellenies et autres nos
jurisdictions, dont ces dites justices et paroisses auront
été démembrées et nonobstant l'attribution faite, par

notre dit édit du mois de mars 1695 desdites appellations aux officiers de la justice royale desdits chefs-lieux
auquel édit nous avons dérogé et dérogeons pour ce
regard. N'entendons qu'il puisse être procédé à la vente
et aliénation de la justice et seigneurie des villes, bourgs
et lieux où le siège desdites prévotés, vicomtés, châtellenies et autres de nos jurisdictions est établi, ensemble les
cas royaux dans l'étendue desdites justices aliénées...,
le tout à la charge par les acquéreurs desdites justices,
domaines et droits de les tenir de nous en fief et nous
en rendre les foi et hommage, aveux et dénombrement,
et nous en paier les droits de lots et ventes, reliefs,
achats et autres droits, aux mutations, suivant la coutume des lieux... »

Cette institution des justices seigneuriales est si
éloignée de nous qu'il nous a semblé y avoir aujourd'hui
un certain intérêt historique à la faire un peu connaître.

N'arrive-t-il pas encore assez souvent, dans nos dis-
cussions judiciaires, de rencontrer dans le texte des anciens titres produits, les expressions de haute, moyenne
et basse justice, les mots d'aveu, de dénombrement, de
plaids, de gage-plège ; mais chez combien d'auditeurs
éveillent-elles un sens net et précis ?

Nous allons chercher à en déterminer la portée, et
nous tenterons ensuite de dresser, pour la partie de la
haute Normandie qui correspond à notre département,
la liste des hautes justices féodales accompagnée, quand

nous le pourrons, de l'indication des paroisses où elles s'étendaient (1).

II

Le premier point sur lequel nous désirerions porter quelque lumière, c'est sur la distinction qu'il convient de faire entre les termes de *haute, moyenne et basse* justice qui reviennent à chaque instant dans l'énumération des droits attachés aux fiefs.

Houard, dans son *Dictionnaire de Droit normand*, nous paraît avoir très nettement résumé les caractères qui les distinguent :

« Le haut justicier peut actuellement informer, connaître et juger de tous cas et crimes, même de ceux commis dans les grands chemins enclavés en son ressort. Ainsi il a la connaissance des lettres de séparation civile, de bénéfice d'inventaire, de bénéfice d'âge et de toutes autres lettres du même genre ; de toutes les actions concernant les rentes et biens appartenant aux églises, trésors, fabriques, charités, confrairies, maisons religieuses situées dans son territoire, même des causes

(1) En principe, les hautes justices avaient une compétence personnelle et territoriale ; personnelle sur les tenanciers domiciliés dans l'étendue du fief, réelle quant aux immeubles compris dans la mouvance du fief ; et quand on connaît en quels morcellements multiples, souvent très éloignés les uns des autres, ces mouvances étaient divisées, il est à peu près impossible de définir, quant à ces parcelles, les limites de la haute justice. Il faudrait, pour les connaître, avoir un tableau exact des fiefs et de leurs extensions.

civiles des ecclésiastiques et de celles où les ecclésiastiques sont demandeurs et plaintifs ; des différends entre
les maîtres de métiers, même pour les droits de chapelle ; des jurandes des maîtres et apprentis : des corps et
communautés d'orfèvres, peintres, sculpteurs et en
général de tout ce qui concerne les communautés ; des
grossesses des filles sous promesse de mariage et des
intérêts résultant du non accomplissement de ces promesses ; en un mot, il n'y a d'exception à sa compétence
que pour les cas royaux, et il n'y a de différence entre
le juge haut justicier et le juge royal, qu'en ce que le
premier est tenu de demander à l'autre le renvoi des
causes qu'il prétend être de son ressort, sans pouvoir
user de défenses (art. 15 de la Coutume), et qu'il ne
peut tenir ses plaids, durant que le juge royal tient ses
plaids ou assises dans les vicomtés et sergenteries où la
haute justice est enclavée (art. 16), tous usages qui se
trouvent établis de l'instant où les commissions de haute
justice ont eu lieu en cette province, et qui ont eu pour
motif de rappeler aux sujets que le roi est leur juge
naturel, que toutes les juridictions, même celles auxquelles il a concédé l'hérédité, ne rendent la justice qu'à
sa décharge.

« Les moyens et bas justiciers n'ont pas des fonctions
si étendues ; la coutume réformée les borne à la manu-
tention de la police des poids et mesures, des foires et
marchés, et encore n'ont-ils cette compétence qu'autant
que la justice royale ne les prévient pas (art. 24) ; aux
querelles de marché, aux violences faites à leurs prévôts, à l'appréciation des boissons, aux réceptions, aux

blâmes d'aveux, à la réunion des fonds inféodés. »

C'est du reste une question débattue et assez délicate que de savoir la distinction qui existait entre *la moyenne* et la *basse justice*.

Houard dit quelque part, pour essayer d'expliquer ces termes, que l'on « appelait *moyenne*, celle qui appartenait à un seigneur qui avait un supérieur et un vassal possesseur de fiefs, et *basse*, lorsqu'au-dessous de celui qui la possédait, il n'y avait ni fief ni juridiction (1). »

Cette définition n'était certes pas suivie dans la pratique, et nous pourrions citer plus d'un arrière-fief, sans mouvances nobles, s'attribuant droit de moyenne et basse justice.

Si l'on recherche maintenant en quoi la moyenne différait de la basse justice, on se trouve, pour notre province, dans le vague le moins défini, et cela se comprend assez bien, si l'on réfléchit que ce terme de *moyenne justice* apparaît pour la première fois, dans l'art. 37 de la Coutume réformée; aussi Houard résume-t-il la jurisprudence à cet égard en disant : « Les arrêts rendus tant au Parlement de Rouen qu'en celui de Paris, au Conseil privé, au grand Conseil, ont unanimement décidé que les moyennes justices ne pouvaient consister qu'en la justice telle que le seigneur l'avait persévéramment conservée, ou par ses titres ou par sa possession (2). »

Il en cite un exemple spécial à l'abbaye de Saint-

(1) P. 454.
(2) V° *Moyenne justice*, t. III, p. 341.

12

Wandrille, qui réussit à se faire maintenir par plusieurs arrêts, les premiers datés du 22 mars 1520 et du 22 mai 1523, dans ses droits de moyen justicier, dont la compétence fut déterminée aux quatre chefs suivants : « à la connaissance du bruit de marché, à la conservation des droits de l'abbaye, à la visite des poids et mesures par prévention et à l'inspection sur les métiers, en cas de prévention seulement (1). »

Quant à l'origine même de ces diverses sortes de justices féodales, on peut admettre comme un fait démontré que la justice basse ou moyenne était la seule qui fût, à proprement parler, de l'essence de la féodalité ; qu'elle n'était que la continuation des justices allodiales et bénéficiales des premiers siècles de notre histoire, fondées sur les nécessités mêmes de la police rurale ; que la haute justice, au contraire, démembrement de la souveraineté, n'a jamais été qu'une justice déléguée.

Cette distinction, toute naturelle d'ailleurs, nous paraît résulter avec évidence de l'étude du chapitre LIV de notre ancien Coutumier intitulé DE COURT.

(1) Ces mots de *prévention* qui ont ici une portée toute particulière, méritent d'être expliqués ! Nous trouvons, *Encyclopédie méthodique*, Vº JUGE, p. 325 (t. V de la *jurisprudence*), un passage qui explique ce droit : « les juges royaux ont le droit de prévention. En conséquence, quiconque est conduit devant leur tribunal doit y comparoître et y défendre sans pouvoir lui-même décliner la jurisdiction... il faut que son seigneur ou un fondé de procuration de sa part le revendique ; le plus souvent à la vérité, il est obligé de déférer à la revendication. C'est ce qu'on appelle la *prévention imparfaite*... dans certaines provinces... le juge royal, une fois saisi, retient la connaissance de l'affaire, malgré la revendication du seigneur, c'est ce qu'on appelle la *prévention parfaite*.

Après avoir rappelé les droits du duc, il continue :

« Et si a le *plet de l'épée*, si comme de roberie, de meurtre, d'homicide, de trèves frainctes, de assault en félonie, d'enquestes et telles choses qui appartiennent au plet de l'épée, *excepté ceulx à qui les princes de Normendie ont ottroyé à avoir la court de telz choses*, si comme il est apparoissant par chartre, par longue tenue, par eschange et par autre raison apperte.

« Les chevaliers et ceulx qui tiennent franchement les comtés, les baronnies et autres dignitez fieffaux, ou les fiefs de haubert ou franches sergenteries ou autres francs fiefs ont la court de leurs rességants, ès simples querelles et ès legières et ès pesantes (poursuites) de meubles, d'héritaige et de larcin, jà soit ce qu'ilz doibvent être finies par bataille (1). »

Le commentateur, Guillaume le Rouillé, dont la glose se lit en marge du texte, renvoie, pour le développement de cet article, au chapitre de « la justice aux barons de Normendie » (2) et l'on y voit combien ce droit de justice était limité pour tous ceux qui ne pouvaient en justifier l'attribution à leur profit par ces termes caractéristiques du « plet de l'épée. »

Il cite le texte latin de l'ancien Coutumier au chapitre LIX « *de placitis dominorum* (3) » qui formule les mêmes distinctions, lorsqu'il écrit : « *Quilibet Domi-*

---

(1) *Le Grand Coustumier du pays et Duchié de Normendie.* Édit. de 1539, fo 73.

(2) *Ibid.*, 2e partie, fo 226 vo.

(3) *Coutumiers de Normandie*, édit. de la Soc. de l'Hist. de Normandie, p. 50.

14

*nus habet placita sua et furta et dominationes suas
in terris suis, exceptis placitis illis que sunt ducis,
que sunt alibi prenotata.* »

Voici donc un premier point bien constant ; le droit
de moyenne et basse justice est inhérent à la constitution
des fiefs, de là ce nom de fiefs à *court et usage*, appli-
cable à la généralité d'entre eux. La privation de court
et usage existe cependant, mais à titre d'exception, et
elle est toujours notée dans les aveux ; mais quant au
droit de haute justice, il ne peut exister qu'en vertu d'une
délégation du souverain, et doit être formellement
établi (1).

(1) Il est un exemple assez curieux de haute justice, établie, reconnue,
puis abandonnée, c'est celle du chapitre de Saint-Quentin, en la paroisse
du Bourgd'un et environs.

Le chapitre de Saint-Quentin en Vermandois, investi par une chartre
de Richard II, duc de Normandie, de l'année 1015, des deux églises du
Bourgd'un et de Soteville-sur-Mer, réussit à faire considérer cette dona-
tion comme entraînant l'exercice du droit de haute justice sur le territoire
des paroisses concédées, le fit confirmer par une sentence du bailly de
Caux de février 1343, lettres patentes de Philippe de Valois de mai 1344,
mainlevée du bailly de Caux d'octobre 1350 et février 1351.

Les chanoines se firent maintenir également dans le droit de tabellion-
nage, comme annexe de la haute justice, par sentence rendue aux assises,
le 13 juillet 1416.

Le 16 octobre 1452, Charles VII envoya commission à son bailly de
Caux de les rétablir dans leurs droits sur le territoire de ces deux paroisses, y compris celles de la Chapelle en Caux et Saint-Nicolas de
Veulles, et celui-ci rendit une sentence favorable le 11 novembre 1453,
avec injonction au vicomte d'Arques de respecter leurs fonctions.

La prise de Saint-Quentin, en 1557, la dispersion du Chapitre qui en fut
la conséquence, eut son contre-coup sur la haute justice du Bourgd'un ;
une sentence du bailly de Caux, au siège d'Arques, à la date du 3 mars

Cette différence d'origine avait, dans le morcellement des fiefs, une conséquence assez curieuse à noter :

Lorsqu'une succession, dévolue à des filles, ne contenait qu'un fief, la division s'en imposait (1) pour fournir à chacune sa part successorale. Dans cette hypothèse, c'était l'aînée qui rendait aveu de la totalité au suzerain ; et les autres portions relevaient, *par parage,* de celle de l'aînée.

Mais, tandis que chaque portion du fief divisé jouis-

1557, saisit leurs domaines, et ordonna de réunir leur juridiction à celle du roi.

Cependant, malgré un rétablissement obtenu de Henri II, le 1er avril 1557, les choses paraissent n'avoir jamais été remises en état, et le droit de haute justice, énoncé en leurs aveux au roi, fut réservé par deux arrêts de la Chambre des Comptes de Normandie des 3 août 1699 et 9 décembre 1700.

Malgré un pourvoi devant le Conseil d'État, qui, le 19 juillet 1701, ordonnait une enquête et la confiait à l'Intendant de la Généralité de Rouen, la Chambre des Comptes, dans son arrêt du 23 décembre 1748, persévérait dans ses réserves, et nous ne voyons pas que la haute justice du chapitre de Saint-Quentin ait jamais été rétablie.

Un arrêt du Parlement de Rouen, du 19 août 1748, rendu contre le le marquis d'Herbouville, a confirmé le chapitre de Saint-Quentin dans la qualité exclusive de patron du Bourgd'un (V° *Mémoires de Jumiéges,* in-f°, p. 42).

(1) Le droit normand, pour éviter le morcellement des fiefs à l'infini, interdisait celui du fief de haubert ou de chevalier, qui constituait l'unité féodale par excellence, en plus de *huit parts*. Et c'est cette faculté de division qui a donné naissance à cette désignation que l'on trouve dans les aveux féodaux de 1/2, 1/3, 1/4, 1/6e, 1/8e de fief de haubert. Cette division entraînait une réduction correspondante de l'obligation au service militaire. De 40 jours pour le plein fief de haubert ou de chevalier, elle descendait à 20 jours pour le 1/2 fief, à 10 jours pour le 1/4 de fief, à 5 jours pour le 1/8e de haubert.

sait pour ses redevances et rentes du même droit de
basse justice que la portion de l'aînée, le droit de haute
justice, s'il était annexé au fief, restait indivisible ; il
s'exerçait en commun au nom de l'aîné et des puînés ; ils
nommaient les juges ou collectivement ou alternative-
ment, suivant leurs conventions, et à l'extinction du parage, qui subsistait jusqu'à la sixième génération, la
haute justice demeurait attachée à la portion de l'aîné,
tandis que celles des puînés restaient avec leur basse
justice.

Le mode de possession de la haute justice faisait également la règle, quant au nombre d'officiers, que le haut
justicier avait le droit d'instituer ; en principe, il n'avait
droit qu'à un bailly, un procureur fiscal et un greffier ;
un sergent et un tabellion étaient également attachés à
la haute justice.

Ces officiers devaient réunir certaines conditions de
capacité. Ils devaient être licenciés en droit et se faire
recevoir en leurs fonctions par le juge royal aux assises
duquel ils devaient comparence et dont leur juridiction ressortissait par appel. Leurs sentences n'étaient
pas intitulées au nom du seigneur dont ils tenaient leur
investiture, mais en leur nom personnel. Le bailly jugeait, le procureur fiscal remplissait le rôle de ministère
public et dirigeait les poursuites.

Quelques hautes justices avaient un nombre beaucoup
plus considérable d'officiers ; pour en citer quelques
exemples : à la juridiction des *Hauts jours* de l'archevêché, qui connaissait par appel, des sentences des
baillis de Dieppe, de Saint-Nicolas et Sainte-Agathe-

d'Aliermont, de Cliponville, de Déville, de Gaillon, de Louviers et de Fresne-l'Archevêque, on comptait, au XVIIIe siècle, un président et quatre conseillers, et les deux officiers du ministère public portaient les titres pompeux de procureur général et d'avocat général.

A Saint-Gervais et Fontaine-le-Bourg réunis, qui dépendaient de l'abbaye de Fécamp, il y avait un lieutenant général, un lieutenant particulier, un procureur et un avocat fiscal, sans parler d'un sergent-commissaire de police.

Mêmes fonctionnaires en la haute justice d'Emandreville, qui comprenait notre faubourg Saint-Sever.

La haute justice d'Esneval, qui s'étendait sur une cinquantaine de paroisses et avait deux sièges de juridiction, l'un à Pavilly, l'autre à Criquetot-l'Esneval, avait à ce premier siège bailly, lieutenant, avocat et procureur fiscal, greffier, tabellion, commis-greffier et quatre sergents.

De même, en la haute justice de Mauny.

Le siège d'Aumale comptait, en 1740, un juge civil, criminel, de police et des manufactures, un lieutenant, un conseiller-assesseur, procureur et avocat fiscal, un greffier, avec un commissaire aux saisies réelles et receveur des consignations.

Cette variété justifie le principe que c'était la possession qui déterminait le nombre et le titre affecté aux officiers de haute justice féodale.

Beaucoup plus simple était naturellement l'appareil des basses ou moyennes justices. Leurs assises étaient tenues par un officier ayant nom de sénéchal, et leurs décisions étaient recueillies par un greffier, tous deux à la nomination du seigneur. Ils prêtaient serment devant la Cour et devaient avoir seulement la qualité de *personnes approuvées* en justice, c'est-à-dire de simples praticiens (art. 190 de la Coutume et règlement du 11 mars 1527) ; leurs audiences se tenaient non dans un prétoire déterminé mais au manoir du seigneur, ou en telle autre habitation relevant de la seigneurie, selon la volonté de celui-ci. Le sénéchal, comme le greffier, devaient être domiciliés sur le fief ou à proximité. Tous les deux signaient les aveux, les plaids ordinaires et les gages-pleiges.

Les *plaids* ou audiences du bas justicier se tenaient de quinzaine en quinzaine, suivant que l'utilité du seigneur l'exigeait, c'est-à-dire, s'il était nécessaire de blâmer un aveu, de faire compter le receveur, le prévôt ou le meunier du seigneur et d'obliger les vassaux au paiement des rentes dont ils étaient débiteurs.

Les *gages-pleiges* se tenaient une fois chaque année, avant le 15 juillet, après proclamation faite le dimanche, issue de la messe paroissiale, par le prévôt de la seigneurie, des jour, lieu et heure de la réunion. Ce nom leur venait de l'obligation où étaient tous les vassaux non resséants sur le fief, de se faire représenter par des personnes qui se portassent garantes (qui gageassent plège) des devoirs dont ils étaient tenus (art. 188 de la Coutume). C'était là que l'on procédait à l'élection du prévôt, à la reconnaissance des rentes et à la déclaration des mutations opérées dans les tenures, du prix des aliénations, et du nom des nouveaux possesseurs.

Le seigneur avait d'ailleurs le droit de s'y faire représenter par un mandataire pour la conservation de ses droits (art. 191 de la Coutume).

La défaillance aux gages-pleiges et le défaut de prestation des redevances dues au seigneur avaient pour le vassal de graves conséquences ; elle entraînait la saisie de sa terre et sa réunion au fief du seigneur, réunion qui pouvait devenir définitive si le tenancier ne se présentait pas dans un délai déterminé.

Ces rapides indications fournissent l'explication de quelques termes, sans lesquels la lecture des anciens titres, même des titres de propriété les plus usuels, devient presque incompréhensible.

L'un des plus usités est l'*aveu* et dénombrement, par lequel le vassal passait déclaration au profit du seigneur, dont relevait l'immeuble qu'il possédait, et en précisait la consistance « par bouts et côtés », en indiquant quelle en était la nature, la contenance et les abornements.

L'aveu, signé par le tenancier, se terminait toujours par la formule de présentation aux pleds de la seigneurie ; elle fait mouvoir tout le modeste appareil de la basse justice.

En voici un exemple très laconique emprunté à nos archives personnelles : « baillée, présentée et advouée... ès plés de la seigneurie de la court de Mauteville tenus audit lieu par moi, Romain Adrien, licencié es loix, seneschal d'icelle, le vingt sixième jour de juing l'an de grace mil cinq cents trente cinq, laquelle fut receue sauf à blamer et assigner, et après icelle vue par mondit

20

seigneur, congé de court a esté donné audit prestre audit
nom, saouf à reprocher une autre fois comme de
présent. »

L'aveu devenait une simple *déclaration,* lorsqu'au
lieu d'être rendu au seigneur tréfoncier, il l'était à l'*aîné*
ou *porteur en avant,* à l'occasion d'un tènement ou
aînesse morcelé entre plusieurs ayants droit. C'est ce qui
remplaçait, pour les tenures roturières, la tenure en
parage des fiefs nobles. L'*aîné* ou *porteur en avant,*
rendait seul aveu au seigneur de la totalité de la tenure,
et se déclarait seul relevable de la totalité des droits et
devoirs seigneuriaux dont elle était chargée. La déclara-
ration fournie par les puînés ou sous-tenants avait pour
objet de lui garantir le paiement des redevances qu'il
avançait au seigneur en leur lieu et place.

Voilà en définitive en quoi se réduisait la sphère d'ac-
tion du bas justicier à la fin du régime féodal, il n'est
même plus question pour eux de connaître « de simples
querelles et de poursuites de meubles... ou de larcin »,
c'est uniquement un instrument destiné à assurer le bon
fonctionnement des redevances seigneuriales.

Avant de clore cette partie de nos considérations,
nous voulons dire un mot d'un document législatif, de
la seconde moitié du XVIIe siècle, qui va nous permettre
d'ajouter quelques traits au tableau que nous avons
essayé de tracer, il s'agit des *lettres patentes portant
règlement pour l'administration de la justice en la
province de Normandie,* qui portent la date du 18 juin
1769 (1).

(1) *Recueil des Édits...* registrés en la Cour de Parlement de Normandie, 1754-1751, M. V CC. LXXIV, p. 1157.

Le titre VI est consacré aux hauts justiciers et le titre XXIII aux bas justiciers; mais il s'agit surtout, dans le titre VI, des obligations qui pèsent sur les hauts justiciers.

L'art. 1ᵉʳ leur impose d'avoir, « dans le lieu où se fait l'exercice de leur haute justice, des auditoires en état de décence pour pouvoir y administrer la justice, ainsi que des prisons sûres et saines et d'y pourvoir de geôliers de la qualité requise par les ordonnances pour veiller à la garde et sûreté des prisonniers. »

L'art. 2 les oblige à tenir régulièrement leurs audiences, au moins de quinzaine en quinzaine, « et d'y vaquer diligemment et sans délai à l'administration de la justice. »

Les articles suivants indiquent la sanction réservée au cas d'inaccomplissement de ces obligations; à faute d'auditoires décents les causes civiles des justiciables de ces hautes justices sont transférées au bailliage royal dans lequel elles sont enclavées; à faute de prisons saines et sûres, les causes criminelles sont poursuivies au bailliage royal « aux frais des seigneurs hauts justiciers. »

De même, au cas de négligence dans la poursuite des crimes commis dans l'étendue des hautes justices, si les officiers laissent passer trois jours sans agir, les procureurs du roi près des bailliages royaux s'en saisissent, « en avertissant préalablement dans lesdits trois jours lesdits hauts justiciers au greffe de leur haute justice de faire la poursuite desdits crimes. »

Et cette question du recouvrement des frais avancés

par le domaine ne traîne pas; après qu'ils ont été taxés
par les juges royaux, ceux-ci délivrent « exécution de
leurs vacations, droits et salaires de leurs greffiers sur
lesdits seigneurs hauts-justiciers ou leurs fermiers, sauf
le recours de ceux-ci contre qui il appartiendra, même
contre les procureurs fiscaux et juges de leurs hautes
justices qui auraient été négligents de faire les poursuites ci-dessus ordonnées » (art. 7).

Quant aux salaires et taxes de témoins, frais de trans-
lations et exécutions de criminels, ils sont avancés par
les receveurs généraux des domaines qui les recouvrent,
avec augmentation des 4 s. pour livre, alloués pour frais
de recouvrement, en vertu de rôles approuvés par le
Conseil, et délivrés contre les seigneurs hauts justiciers (1).

(1) Il semble que cette disposition ait été modifiée par l'édit de février
1771. Voici du moins ce que nous lisons dans l'*Encyclopédie méthodique*,
édition Pankoucke, 1785. V° JURISPRUDENCE, t. V, v° *Jugement*, p. 16. —
C'est un résumé intéressant, dont nous signalons les appréciations finales.

« Aujourd'hui les frais d'instruction et exécution criminelle ne sont
plus à la charge des seigneurs quand ils ont satisfait à l'édit du mois de
février 1771. Par les articles 14 et 15 de cet édit, ainsi que par les lettres
patentes du 15 septembre suivant, S. M. ordonne qu'en matière criminelle, lorsque les juges des seigneurs auront informé et décrété avant les
juges royaux, l'instruction en première instance sera faite aux frais du
Roi; mais que dans le cas où les juges royaux auraient prévenu ceux
des seigneurs, l'instruction en sera faite en première instance aux frais
desdits seigneurs, aux procureurs desquels S. M. permet, après les infor-
mations et décrets, même les recolemens et confrontations, d'en envoyer
une grosse au procureur du roi, pour la procédure être continuée par les
officiers de S. M., laquelle procédure en cas d'appel et, dans tous les cas,
sera à la charge de S. M.; ainsi que les frais de transport, de renvoi et

Ces lettres patentes contiennent en plus un tarif de frais en matière civile et criminelle, et ce tarif conduit à cette conclusion, c'est qu'il y avait une économie assez sensible à être jugé au tribunal de MM. les hauts justiciers. On l'appréciera mieux à l'aide du tableau suivant qui met en regard la taxe appliquée aux différents actes judiciaires, et ses variations d'après l'importance du ressort.

Nous ne prendrons pour exemple que les deux premiers articles : les taxes allouées aux magistrats supérieurs des diverses juridictions, soit au cas de déplacement, soit au cas de travail accompli au lieu de leur résidence.

TAXES AUX JUGES ALLANT EN COMMISSION HORS LEURS RÉSIDENCES.

Conseillers, avocats et procureur général au Parlement, 24 l. par jour.

Substituts du procureur général, notaires, secrétaires du Parlement, 20 l. par jour.

d'exécution et généralement tous ceux d'instruction que les juges du roi croiront nécessaires, le tout sans répétition contre les seigneurs. »

« On voit, par des dispositions aussi sages, que le législateur a eu en vue d'arrêter le cours des crimes que la crainte des frais rendait souvent impunis dans les justices seigneuriales et que si cette nouvelle loi devient pesante pour les juges royaux déjà surchargés de bien d'autres fonctions laborieuses et stériles, elle ne peut manquer au moins de procurer aux sujets du roi la tranquillité et la sûreté qui doivent être moins troublées qu'auparavant. »

24

Lieutenants généraux civils et criminels des 7 principaux bailliages, présidents des présidiaux, lieutenant général des Eaux et Forêts en la table de marbre, 21 l. par jour.

Lieutenants généraux civils et criminels des autres bailliages, lieutenants particuliers civils et criminels des 7 principaux bailliages, 18 l. par jour.

Lieutenants particuliers desdits bailliages, maîtres particuliers des Eaux et Forêts, vicomtes, conseillers des présidiaux, conseillers du siège général des Eaux et Forêts en la table de marbre, hauts justiciers ressortissant nûment au Parlement, 15 l. par jour.

Assesseurs civils et criminels desdits bailliages et officiers des sièges particuliers des Eaux et Forêts, 12 l. par jour.

Autres baillis hauts justiciers, assesseurs des vicomtes, avocats postulants dans ces bailliages allant en commission sur la récusation des juges, 10 l. par jour.

TAXES AUX JUGES TRAVAILLANT POUR LES PARTIES DANS
LE LIEU DE LEUR DOMICILE.

Conseillers, avocats et procureur général au Parlement, 3 l. 4 s. par heure.

Substituts du procureur général, notaires, secrétaires du Parlement, 3 l. 4 s. par heure.

Lieutenants généraux civils et criminels des 7 principaux bailliages, présidents des présidiaux, lieutenant

général des Eaux et Forêts en la table de marbre, 2 l.
10 s. par heure.

Lieutenants généraux civils et criminels des autres
bailliages, lieutenants particuliers civils et criminels
des 7 principaux bailliages, 2 l. par heure.

Lieutenants particuliers desdits bailliages, maîtres
particuliers des Eaux et Forêts, vicomtes, conseillers
des présidiaux, conseillers du siège général des Eaux et
Forêts en la table de marbre, hauts justiciers ressortissant nûment au Parlement, 1 l. 10 s.

Assesseurs civils et criminels desdits bailliages et officiers des sièges particuliers des Eaux et Forêts, 1 l. 5 s.
par heure.

Autres baillis hauts justiciers, assesseurs des vicomtes,
avocats postulants dans les bailliages allant en commission sur la récusation des juges, 1 l. 5 s.

L'ordonnance applique la même disposition à tous les
autres actes pour lesquels le ministère du juge était
obligatoire : signatures de sentences définitives, provi-
soires ou interlocutoires, simples ordonnances sur re-
quêtes, conclusions du ministère public sur requête,
ordonnances rendues sur plaintes au criminel, assis-
tance aux poursuites de décret ou adjudications de biens
de mineurs, auditions de témoins, récolements, confrontations, interrogations, tutelles, paraphe de registres,
légalisations, taxes de dépens, réceptions de titulaires
d'offices (1), nous nous contentons à leur égard de cette
simple énumération.

____

(1) Notons encore que, par une exception dont la prudence se justifie

La même ordonnance contenait la taxe des officiers de justice.

Titre XVI. Taxes des procureurs au Parlement.

Titre XVII. Taxes des procureurs des sept principaux bailliages.

Titre XVIII. Taxes des procureurs des bailliages démembrés.

Titre XIX. Arpenteurs.

Titre XX. Taxe aux huissiers du Parlement.

Titre XXI. Taxes des huissiers et sergents des bailliages et autres justices du ressort du Parlement.

Titre XXII. Taxe aux greffiers des bailliages.

Enfin, le titre XXIII, sur lequel nous insisterons un peu plus, était spécial aux *bas justiciers*, et, par la nature des droits énumérés en ses neuf articles, on trouvera nettement délimité le cadre assez restreint de leurs attributions.

« I. Sera payé aux sénéchaux des seigneuries des basses justices, 5 s. pour chaque signature qu'ils apposeront tant aux originaux qu'aux copies des aveux et déclarations.

« II. Sera payé aux greffiers pour les mêmes actes, 3 s. 6 d.

d'elle-même : « les juges des seigneurs ne peuvent connaître des causes personnelles ou mixtes du seigneur de la justice dont ils sont officiers, de sa femme, enfants et domestiques... C'est par cette raison qu'ils ne peuvent apposer de scellés, faire inventaire... après les décès des seigneurs et que ces droits appartiennent aux juges supérieurs... Dans tous les cas où le fond de la chose est contestée, le sujet de la seigneurie assigné devant le seigneur peut décliner la jurisdiction... » (*Encyclopédie méthodique*). JURISPRUDENCE. Vº *Haute justice et jugements.* p. 21.

« III. Les mandemens, actes, expéditions, sentences de réunion ou actes d'adjudication seront délivrés en papier et lesdits sénéchaux percevront 10 s. pour leurs signatures et les greffiers 2 s. 6 d. du rôle.

« IV. Tous exploits, saisies, proclamations faites par les prévôts des seigneuries, seront taxés au même prix de 2 s. 6 d.

« V. Pour proclamations, sentences de réunion, sera payé 2 l.

« VI. Sera payé par les vassaux pour la façon de l'aveu, 20 s. et du rôle de la peau de parchemin et 2 s. 6 d. du rôle en papier.

« VII. Les rôles en parchemin contiendront 30 lignes à la page et 30 lettres à la ligne et ceux en petit papier, 25 lignes à la page et 24 lettres à la ligne.

« VIII. Les vassaux paieront en outre le parchemin et le papier ainsi que le contrôle.

« IX. Lorsque le vassal apportera son aveu fait et rédigé, il ne sera tenu de payer que la signature du sénéchal, du greffier et en outre le contrôle. »

On le voit, les fonctions du sénéchal se réduisaient, vers la fin du dernier siècle, à la réception des aveux et aux saisies féodales et réunions de fief pour aveux non rendus ou devoirs non faits ; quant aux hauts justiciers, on voit bien ressortir les charges qui pesaient sur eux et les émoluments que leurs officiers étaient autorisés à percevoir, mais on n'aperçoit pas les avantages et les honneurs dont ils jouissaient à titre de compensation.

28

C'est là un point sur lequel nous allons essayer de fournir quelques renseignements.

II

Le *Traité de Jurisprudence de l'Encyclopédie* (1) les résume ainsi : « Le seigneur haut justicier jouit à cause de sa haute justice de plusieurs droits, savoir de la confiscation des meubles et immeubles qui sont en sa justice, excepté pour les crimes de lèse-majesté. Il a pareillement les deshérences et biens vacants, les épaves ; il a la moitié des trésors cachés d'ancienneté, quand celui qui les trouve est propriétaire du fonds où ils sont trouvés, et le tiers quand le trésor est trouvé dans le fonds d'autrui. »

Voilà pour les profits ; quant aux honneurs, Houard les résume ainsi (2) :

« 1° Les seigneurs qui ont haute justice ont le droit de chasser *en personne* dans les fiefs où leur juridiction s'étend, mais le seigneur du fief peut y chasser *tant par lui que par d'autres* (Édits des mois de juin 1601, de juillet 1607, et article 26 du titre des chasses de l'ordonnance de 1669) ; 22° consultation de Cochin, t. I ;

« 2° Ces seigneurs ne peuvent augmenter le nombre des officiers de leurs justices (arrêt du 6 juillet 1643).

______

(1) T. V, p. 16.
(2) Dictionnaire de Droit normand. V° *Hauts justiciers.*

Ils ne peuvent sans titre exprès avoir plus d'un bailli, un lieutenant et un procureur fiscal ;

« 3° Quant au point de savoir si ces officiers sont amovibles, voyez l'article *Destitution ;*

« 4° Les officiers du haut justicier en son absence ont dans les églises du fief le pain bénit par distinction et la préséance, durant les processions et l'office divin, avant les autres habitants gentilshommes, bas et moyens justiciers, et même avant le haut justicier qui ne l'est pas cependant *de la paroisse,* mais de quelques extensions *en la paroisse.* Si le seigneur, sa femme et ses enfants sont présents, le juge haut justicier n'a les honneurs dont on vient de parler qu'après eux. Guyot, t. VII, chapitre VI des *Observations sur les droits des patrons,* cite un arrêt du grand Conseil qui l'a ainsi jugé le 5 mars 1743. Par l'institution des juges, les seigneurs déposent en leur personne la prérogation la plus honorable de leur fief, celle de rendre la justice. Ils deviennent par cela soumis à l'officier même qu'ils nomment ; or, c'est une suite du droit de rendre la justice que celui qui la rend participe au respect que l'exercice de ce droit inspire naturellement ;

« 5° En l'absence du juge chef, le lieutenant ou le procureur fiscal peuvent exiger les mêmes distinctions ; en eux réside la puissance publique et le seigneur n'a que le pouvoir de la faire administrer (Guyot, *ut supra*). »

Les seigneurs hauts justiciers avaient encore un autre droit qui leur permettait d'affirmer ostensiblement leur prééminence, c'était le droit de *Poteaux.*

Et à cet égard une distinction est nécessaire, car il y avait, et nous citons encore Houard, des espèces variées de poteaux : « Les seigneurs ont le droit de faire élever sur leurs fiefs divers poteaux ; les uns sont seulement destinés à indiquer quel est le seigneur du lieu, les autres à fixer les limites de la seigneurie ; quelques-uns à l'exposition des condamnés au carcan, et les principaux à recevoir les cadavres de ceux qui ont subi la peine de mort.

« Les poteaux, à l'exception de ceux qui ont les trois premières destinations, ne sont permis qu'aux hauts justiciers. La raison de ceci, c'est que les fourches patibulaires ou gibets étaient anciennement de différente forme et chaque forme caractérisait la dignité des hauts justiciers. Ainsi les fourches patibulaires d'un comté avaient six piliers, celles des baronnies quatre, celles des châtellenies deux.

« Sans les précautions prises par les coutumes où ces distinctions avaient lieu, pour empêcher les seigneurs de faire relever de leur autorité privée les fourches détruites, il serait souvent arrivé que ces seigneurs auraient eux-mêmes accéléré cette destruction, parce qu'en reconstruisant, au moyen de ce qu'ils auraient augmenté le nombre de piliers, ils auraient pu, dans un temps reculé, réclamer une qualité qui ne leur aurait pas appartenu... »

Houard observe d'ailleurs que, sous l'empire de notre coutume, comme de quelques autres, le nombre des piliers des fourches patibulaires n'a jamais été un signe de distinction entre les seigneurs ; ce qui dispensait de recourir aux lettres de chancellerie pour les relever.

Il termine en reconnaissant le droit pour le haut justicier « de faire placer un poteau dans le marché de son vassal noble. Car, dit-il, outre que le haut justicier doit être surtout connu dans ce marché comme y ayant la grande police, il est évident qu'un poteau est bien moins incommode à un seigneur de fief qu'un gibet, » et il cite un arrêt de 1620 dans ce sens.

Nous avons dans notre bibliothèque des mémoires assez curieux (1), relatifs à l'exercice de ce droit de poteaux ; le débat s'agitait vers la fin du siècle dernier entre le baron d'Esneval, seigneur haut justicier de la paroisse d'Ancretiéville, et le président de Saint-Victor, possesseur de fermes importantes dans cette commune, et qui les avait plantées d'avenues servant à la décoration de son château de Saint-Victor.

(1) Le premier, de 23 p. in-4°, imprimé veuve Laurent Dumesnil, 1783, et rédigé par M. de Guerville, a pour titre :

Défenses que fournit M. le Président d'Esneval, devant MM. du Fossé, de Dampierre, Despommares et de Guichainville, conseillers en la grand'-chambre du Parlement de Rouen, juges-arbitres de la contestation qui s'est élevée entre M. le Président de Saint-Victor et lui, au sujet d'une plantation de poteaux que M. le Président d'Esneval a fait faire dans sa paroisse d'Ancretiéville, en sa qualité de seigneur haut justicier.

Le second :

Réponse de M. le Président d'Esneval au mémoire de M. le Président de Saint-Victor.

In-4°, 45 p., veuve Laurent Dumesnil, 1784.

Le troisième :

Réplique de M. le Président de Saint-Victor à la défense de M. le Président d'Esneval.

In-4°, 90 p., veuve P. Dumesnil, 1784.

Ce dernier avait aussi usé du droit de poteau, mais c'était un poteau de l'espèce la plus simple, le poteau limite. On voit dans un de ces mémoires qu'il avait lui-même rédigés et saupoudrés de sa verve caustique, qu'il y parle « d'une colonne en pierre qu'il avait fait ériger sur son fief... pour sauver un peu l'honneur des justiciers ses confrères (1) ».

Un beau jour, le baron d'Esneval fit planter quatre poteaux décorés à ses armes dans la paroisse d'Ancretiéville dont il était seigneur-patron : le premier était contre les murs du cimetière ; les deux autres contre les fossés d'un gentilhomme nommé M. Le Prevost ; le quatrième le long des avenues du président de Saint-Victor. Celui-ci, après avoir paru en autoriser l'érection, le fit enlever comme nuisible à une plantation d'arbres qu'il fit exécuter.

De là le procès, soumis par les deux magistrats à quatre arbitres, MM. du Fossé, de Dampierre, Despommares et de Guichainville, conseillers de grand'chambre, et dont nous ne voulons pas suivre les péripéties ; mais nous extrayons d'un des mémoires de M. d'Esneval un passage qui nous renseigne sur l'usage de ces poteaux de haut justicier à la fin du siècle dernier.

« Ne semblerait-il pas que M. d'Esneval est le seul seigneur haut justicier qui se plaise à faire planter des poteaux. Mais nous pouvons citer des exemples. MM. les marquis de Mathan et de Baqueville n'en ont-ils pas fait planter dans toutes leurs mouvances, aux environs

____

(1) P. 76.

de Tostes. M. le marquis de Conflans sur la grande route de Rouen à Paris, aux portes de la ville de Pont de l'Arche... M. le marquis de Cany n'en a-t-il pas fait placer plusieurs dans les avenues de Doudeville, appartenantes à M. de Reuville, conseiller au Parlement ; à Canville dans celle de Mme Prier, et dans le marché d'Ouville, contre les murs du château de M. Dambray (1). »

Nous n'avons pu savoir quelle avait été la décision des arbitres, et nous ne voulons pas nous égarer dans le récit des incidents, très curieux d'ailleurs, dont le procès fut émaillé. Sans doute, les relations mondaines ont dû cesser entre les deux adversaires ; mais tant de choses ont passé depuis, que le souvenir bien oublié de ces disputes n'a pas empêché, cent ans plus tard, leurs descendants de s'allier entre eux ; aussi, avons-nous hâte d'arriver à ce qui constitue la dernière partie de notre travail, l'état des hautes justices existant en 1789, dans chacun de nos arrondissements actuels. Nous nous proposons d'en offrir, le plus succinctement possible, un tableau d'ensemble, réservant pour les notes les quelques détails que nous avons recueillis.

III

A Rouen seul on comptait onze hautes justices, presque toutes, sauf Emandreville (2), attachées à des établissements religieux :

(1) Deuxième mémoire de M. d'Esneval, p. 11.

(2) *Emandreville.* — Les offices étaient à la nomination du prince de

34

Les Hauts jours de l'archevêché (1).
Le Chapitre (2).
Bonne-Nouvelle (3).
La Fontaine-Jacob (4).

Soubise. L'audience se tenait tous les lundis à deux heures, et les appels
étaient portés à la Cour.

Cette juridiction s'étendait sur la plus grande partie du faubourg Saint-
Sever.

(1) *Les Hauts jours de l'Archevêché.* — Dans le *Tableau de Rouen*,
de 1778, on voit que la juridiction se composait d'un prévôt qui était
alors Langlois de Louvres, avocat distingué du temps, de quatre conseillers, d'un procureur général et d'un avocat général. Les *Hauts jours*
jugeaient les appels des baillis de Dieppe, de N.-D., Saint-Nicolas et
Sainte-Agathe-d'Aliermont, de Cliponville, Déville, Louviers, Gaillon et
Fresne-l'Archevêque.

Audience les lundis à huit heures du matin. V. HOUARD, « Dictionnaire
de Droit normand, » v° *Hauts jours*.

(2) *La Haute justice du Chapitre* comprenait l'enceinte de la cathédrale
jusqu'aux rues avoisinantes. Elle avait bailly, lieutenant général et lieutenant particulier, procureur et avocat fiscal. Le bailly, en 1778, était également Langlois de Louvres.

(3) *Bonne-Nouvelle.* — Les officiers étaient à la nomination de l'abbé,
et l'audience se tenait le jeudi à trois heures, de quinzaine en quinzaine.
Les appels ressortissant à la Cour.

(4) *La Fontaine Jacob.* — La juridiction de la Fontaine Jacob, dont
les appels ressortissaient au bailliage, était située au Faubourg-Martain-
ville, près la rivière d'Aubette. Elle appartenait, à la fin du siècle dernier,
aux Chartreux, qui la possédaient au droit des religieux de Sainte-Catherine. Elle existait depuis plusieurs siècles sans contradiction, puisqu'au
procès-verbal de la réformation de la Coutume du 13 mai 1583, compa-
rait, après les avocats au Parlement et avec les juges des Hauts jours,
avec les baillis de la Madeleine, de Saint-Paul, du Pré et de Grandmont,
« Me Martin du Bosc, advocat et bailly de la Fontaine-Jacob ». Cependant,
en 1781, les officiers du bailliage s'imaginèrent de contester la régularité
de leur existence et rendirent, à la date du 8 octobre, une ordonnance
immédiatement imprimée (J. Le Boullenger, 16 p. in-4°) et placardée

Saint-Gervais et Fontaine-le-Bourg réunis (1).
Grammont (2).
L'Hôtel-Dieu (3).
L'abbaye de Saint-Ouen (4).

dans la ville, par laquelle les Chartreux étaient condamnés à communiquer
au procureur du Roi « dans deux mois pour tout délai les titres originaux
qui établissent l'érection de leurs aleux en fief, terre, seigneurie, baronnie et haute justice sous le nom de la Fontaine-Jacob. »

Les Chartreux répondirent par un mémoire, fort intéressant, dû à la
plume autorisée de Thouret et qui portait ce titre : « *Mémoire* pour les
sieur prieur et religieux de la Chartreuse Saint-Julien de Rouen contre
le substitut de M. le Procureur général au bailliage de Rouen. — Rouen,
J. Le Boullenger, 51 p. in-4°. » Cependant, soit que le bailliage n'eût
pas attendu cette publication, soit qu'il ne s'y soit pas arrêté, il rendit,
sur un second réquisitoire du 6 mars 1782, une seconde ordonnance sous
la date du 21 juin qui, faute par les Chartreux de s'être conformés à l'ordonnance du 8 octobre 1781, supprimait purement et simplement leur
juridiction. En fait, la haute justice de la Fontaine-Jacob ne figure plus à
l'*Almanach de Normandie* de 1790.

(1) *Saint-Gervais et Fontaine-le-Bourg.* — Cette juridiction appartenait
à l'abbaye de Fécamp et relevait de la cour. Audience le samedi à deux
heures.

Elle s'étendait paroisses de Saint-Gervais, Oissel, Fontaine-le-Bourg,
Saint-Georges-sur-Fontaine, les Authieux et Ratiéville.

(2) *Grammont.* — A la nomination de MM. les Administrateurs du
Collège. Elle se tenait faubourg Saint-Sever, cour du Vert-Buisson près
Saint-Yves. Audience le lundi à trois heures. Les appels ressortissent à
la Cour.

(3) *L'Hôtel-Dieu.* — Le *Tableau de Rouen* de 1778, en indiquant comme
avocats inscrits près cette juridiction, les mêmes que ceux des Hauts
jours de l'archevêché, ajoute que ses appels ressortissaient à la Cour.
Le bailly figurait au procès-verbal de la réformation de la Coutume
(V. note 4), sous le nom de « Bailly de la Magdelaine. »

(4) *L'abbaye de Saint-Ouen.* — La juridiction de Saint-Ouen portait, à
cause des forêts et grands bois, sur lesquels s'étendait sa juridiction, le
nom de « verderie et sénéchaussée. » Ses appels étaient portés au Parle-

Saint-Paul (1).

Nous avons quelque doute toutefois que la Fontaine-Jacob, vieille et antique juridiction dont le bailly assistait à la réformation de la Coutume en 1583, ait pu résister aux attaques dont elle avait été l'objet de la part des officiers du bailliage.

Dans l'arrondissement de Rouen :

ment et ses audiences avaient lieu tous les quinze jours. D. Pommeraye, p. 222 et ss. La juridiction se tenait le mercredi dans une grande salle qui était à l'entrée de la basse-cour, dans le grand corps de logis bâti par le cardinal Bohier.

L'abbaye de Saint-Ouen possédait dans le ressort de l'ancienne vicomté de Rouen, comme dépendant de sa baronnie de Saint-Ouen, nombre de fiefs importants dont nous nous contenterons de faire l'énumération. Cette énumération suffira pour donner une idée approximative de l'étendue de sa juridiction :

A Rouen même, le fief Moutardier, paroisse Saint-Vivien, à la Maresquerie, pour lequel elle devait au roi un esperon de fer ou 25 s. au terme de Pâques ; le prieuré de Saint-Michel sur le mont Sainte-Catherine ; le fief de Bihorel au Boisguillaume ; Roncherolles-sur-le-Vivier, Isneauville, Cailly en partie, Quincampoix et Crèvecœur, Poville, Esmanville, Malaunay, le Houlme, Houppeville.

Un fief à la Mivoye, les Authieux, Tourville, Gouy, Ymare, Saint-Aubin-la-Campagne, Epinay, Quèvreville-la-Poterie, ainsi que le fief de la Grange à Freneuse.

De même et au droit de la baronnie de Périers-sur-Andelle, dans l'arrondissement actuel, de Rouen, des fiefs considérables à Martainville-sur-Ry, Auzouville, Servaville, le Boullay.

Morville et Sigy en l'arrondissement de Neufchâtel, avec la baronnie de Wanchy.

Dans l'arrondissement de Dieppe, Crosville, Auzouville-sur-Saâne, Biville, Saint-Ouen-le-Mauger, Le Bourgd'un.

Dans l'arrondissement d'Yvetot, Veulettes et des fiefs à Sassetot.

(1) *Saint-Paul.* — A la nomination de l'abbesse de Montivilliers. Les appels étaient portés au bailliage. L'audience avait lieu le samedi.

Les hautes justices du marquisat de Belbeuf (1).
De la vicomté de Blaqueville (2).
De Bondeville (3).
De Bouville (4).
Du marquisat de Cailly (5).

(1) *Belbeuf.* — Les appels ressortissaient du bailliage de Rouen. Audience le lundi à dix heures. Ressort : Belbeuf, Mesnil-Esnard, Bonsecours, le faubourg d'Eauplet en grande partie, Saint-Crespin-du-Becquet, Saint-Adrien, Saint-Aubin-la-Campagne.

Appartenait au marquis de Belbeuf.

(2) *Blaqueville.* — Les appels relevaient de la Cour. Audience le mercredi, tous les quinze jours. La juridiction s'étendait à Fréville et les Ifs en partie, les Wuifs, Carville-la-Folletière en partie, Epinay, en partie.

(3) *Bondeville.* — Le prétoire était situé à Rouen, rue de la Prison (*Tableau de Rouen*, 1778). Audience jeudi, tous les quinze jours. Les appels relevaient de bailliage.

(4) *Bouville.* — Vallée depuis l'édit de 1702, les appels étaient portés au bailliage de Caudebec.

Elle paraît n'avoir d'extension qu'à Bouville.

(5) *Cailly.*—Le tableau de Rouen, de 1778, indique à Cailly « mesmes juges et avocats qu'au Vaudreuil. »

Dans un aveu du marquisat de Cailly, rendu au roi le 15 oct. 1678 par Louis-François Le Fèvre de Caumartin (Arch. de la S.-Inf.), on voit que le marquisat s'étendait dans les paroisses suivantes :

Saint-Aubin-sur-Cailly, Beaumont, Biennais, Bonnetot, Boseroger, Cailly, Critot, Ecalles, Esteville, Saint-Georges-sur-Fontaine, Saint-Germain-sur-Cailly; Gueulteville-en-Caux, Gouville, Grosmesnil-en-Bray, Saint-Jean-sur-Cailly, Monterollier, Saint-Nicolas-du-Verbois, Pibeuf, Pierreval, Roquemont, La Rue-Saint-Pierre, Touffreville, Yquebeuf, Collemare.

La baronnie de Cailly, divisée en deux 1/2, dont l'une dite de Boissey, fut successivement possédée par la famille de Boissay, par celle de Mailloc, à partir du milieu du XVIe siècle, et par les Le Fèvre de Caumartin à partir de 1659 ; l'autre moitié anciennement possédée par les comtes de la Marche, fut réunie dans la même main et érigée en marquisat, avec

De Darnétal (1).

De Déville (2).

De Duclair (3).

Du duché d'Elbeuf (4).

De Saint-Etienne-du-Rouvray (5).

De la baronnie et vidamie d'Esneval, dont le siège était à Pavilly (6).

adjonction de la commune de Saint-André-sur-Cailly, par lettres patentes de septembre 1661.

Mlle de Caumartin épousa, en 1710, Pierre Delpech, avocat général en la cour des aides de Paris.

(1) *Darnétal.* — Cette haute justice qui appartenait au duc de Montmorency en 1778, portait ses appels à la cour. Audience le jeudi, à deux heures. Elle s'étendait à Saint-Martin-du-Vivier, Saint-Ouen-de-Longpaon, Saint-Pierre-de-Carville, Saint-Léger-du-Bourg-Denis, Blainville, avec extensions à Fontaine et Saint-Gilles-de-Repainville, v° Houard, v° *Fiefs*, t. II, p. 409.

(2) *Déville.* — La juridiction se tenait dans l'enceinte de l'archevêché, dont elle dépendait et ressortissait en appel des *Hauts jours*. Audience le mercredi à trois heures.

(3) *Duclair* dépendait de l'abbaye de Jumièges. Audience le mardi à dix heures, jour du marché. Les appels étaient portés au bailliage de Rouen.

(4) *Elbeuf.* — Les appels étaient portés à la Cour. Audience le mardi pour la ville et les environs, le samedi pour la campagne.

(5) *Saint-Étienne-du-Rouvray.* — Les appels relevaient du bailliage. La haute justice appartenait au seigneur de Saint-Etienne. Audience le samedi à dix heures.

(6) Le siège principal de cette haute justice était à Pavilly, avec siège à Criquetot-l'Esneval, dont le lieutenant devait comparence aux assises de Pavilly. Les appels étaient portés à la Cour. Audience le jeudi à dix heures. Le *Tableau de Rouen*, de 1778, indique comme enclaves de sa juridiction :

Pavilly, Sainte-Austreberte, Esmanville, Ancretiéville, Bourdainville, Goupillières, Saint-Victor-la-Campagne, Hugleville, Saint-Ouen-du-Breuil,

De Franqueville (1).

De Freneuse (2).

De Saint-Georges-de-Boscherville (3).

De Hénouville (4).

Du marquisat de la Londe (5).

De Saint-Martin-de-Bonneville (6).

Butot, Beautot, Renfeugères, Saint-Jean-du-Cardonnay, Roumare, Barentin, en partie, Hardouville, le Mesnil-Durescu, Saint-Étienne-le-Vieux, Auzouville-l'Esneval, le Saussay, Limésy, en partie, des extensions dans la ville de Rouen, Quevilly-lès-Rouen, en partie, Saint-Maclou-de-Folleville, Motteville, Flamanville-l'Esneval, Croixmare, Saint-Paër, en partie, Espinay, Sainte-Marguerite, Ectot-les-Baons, les Baons-le-Comte, Sainte-Marie-des-Champs, Valliquerville, Sainte-Geneviève, Saint-Vaast, Yvecrique, en partie, Anglesqueville-l'Esneval, Avremesnil, Saint-Pierre-le-Vieux, Criquetot-l'Esneval, Gonneville, près Honfleur, le Bourgd'un, la Chapelle-sur-Dun, la Gaillarde, Calleville-les-deux-Églises, Luneray.

(1) *Franqueville.* — Les appels étaient portés au bailliage de Rouen. Elle s'étendait à Saint-Pierre et N.-D. de Franqueville, Boos, Fresne-le-Plan, le Mesnil-Rault, Franquevillette et Celloville.

(2) *Freneuse.* — Les appels étaient portés au bailliage de Pont-de-l'Arche. Elle s'étendait à Saint-Aubin-jouxte-Boullenc, Cléon, les Authieux, Tourville-la-Rivière.

Audience le vendredi à onze heures.

En 1778, M. Landry, seigneur de Saint-Aubin, nommait aux offices.

(3) *Saint-Georges-de-Boscherville.* — Audience le mercredi matin tous les quinze jours. Les appels relevaient du bailliage.

(4) *Hénouville.* — Audience le mardi à dix heures. Les appels sont portés au bailliage.

(5) *La Londe.* — Audience le mardi matin. Les appels ressortissent à la Cour.

La juridiction s'étendait sur les paroisses de la Londe, de Saint-Georges, d'Orival, Saint-Ouen, du Thuit-Heudebert et Boscroger, en partie.

(6) *Saint-Martin-de-Boscherville.* — Audience le mercredi matin tous les quinze jours. Les appels ressortissent au bailliage.

En 1778, M. d'Auzouville, conseiller au Parlement, nommait aux offices.

Du marquisat de Mauny (1).

De la baronnie de Montville (2).

De la châtellenie de Préaux (3).

De la vicomté de Roumare, relevant du comté d'Eu (4).

De la châtellenie de Ry (5).

De Sotteville (6).

De Tourville-la-Rivière (7).

(1) *Mauny.* — Audience le mardi à dix heures.

Il y avait juridiction de verderie exercée par les mêmes officiers. Les appels ressortissaient à la Cour et aux Eaux et Forêts. Elle s'étendait à Mauny, la Bouille, Caumont, Barneville, Bosgouet, Guenouville.

(2) *Montville.* — Audience le lundi à dix heures, jour du marché. Les appels ressortissaient à la Cour.

Voir pour la consistance de la baronnie de Montville, un acte d'échange du 24 avril 1648, passé devant les notaires de Dieppe entre Claude Groulart, seigneur de Torcy et Alexandre Bigot, président à mortier.

(3) *Préaux.* — Audience le mercredi à dix heures. Les appels ressortissaient à la Cour. La juridiction s'étendait à Préaux, la Pommeraye, Pubeuf, Quincampoix, en partie, hameau de Bois-de-Cailly, Morgny, en partie, la Vieux-Rue, Boislevesque, Bois-d'Ennebourg, Montmain, Saint-Jacques-sur-Darnétal, en partie, et quelques maisons du hameau de la Table-de-Pierre.

(4) *Roumare.* — Audience le mardi à dix heures. Les appels ressortissent au bailliage d'Eu.

(5) *Ry.* — Démembrement du bailliage de Longueville avec verderie. Audience le samedi à onze heures, les appels ressortissant à la Cour.

La juridiction s'étendait sur le bourg et paroisse de Ry, Saint-Denis-le-Thiboult, Vascœuil, Croisy, la Haie-en-Lions, en partie, Grainville-sur-Ry, Fontaines-le-Chastel, Saint-Germain-des-Essours, et en partie les Authieux-sur-Buchy, Saint-Aignan, Catenay et Elbeuf.

(6) *Sotteville.* — Audience le samedi à trois heures. Les appels au bailliage.

(7) *Tourville-la-Rivière.* — Audience tous les quinze jours. Les appels ressortissent au bailliage de Pont-de-l'Arche.

De la commanderie de Sainte-Vaubourg (1).

Et de Vaurouy (2).

Dans l'arrondissement de Dieppe, on comptait la haute justice du comté d'Eu (3) à son extrémité Est, qui res-

(1) *Sainte-Vaubourg*. — Le *Tableau de Rouen*, de 1778, indique à Sainte-Vaubourg un sénéchal juge, gruyer et verdier, assisté d'un greffier.

(2) *Vaurouy* s'étendait à Vaurouy. Le *Tableau de Rouen*, de 1778, indique seulement mêmes avocats et officiers qu'à *Blacqueville*.

(3) *Comté d'Eu*. — Le comté d'Eu formait une enclave du Parlement de Paris, dans le ressort du Parlement de Normandie et ses extensions étaient considérables. Elles pénétraient dans les cinq vicomtés de la haute Normandie, Arques, Neufchâtel, Montivilliers, Caudebec et Rouen.

Le bailly d'Eu, assisté des lieutenant général et lieutenant particulier, avait trois sièges de juridiction à Eu, Blangy et Foucarmont.

Le comté possédait quatre sièges de vicomté : à Ourville-en-Caux, Mesnières, près Neufchâtel, Roumare, près Envermeu, et Roumare, près Rouen.

Les appels de ces vicomtés étaient portés au bailliage d'Eu, qui jugeait encore sur appel les causes jugées par les maires des villes d'Eu, Blangy et Monchaux et les seneschaux des baronnies relevant du comté d'Eu.

Houard, v° *Eu*, a fait ressortir avec beaucoup de netteté la singularité de cette extension du ressort du Parlement de Paris, spéciale à Eu, qui n'avait point été revendiquée pour les autres pairies, comme les duchés d'Aumale et d'Elbeuf et était spéciale aux affaires judiciaires « d'autant plus que ce comté ressortit à la Chambre des Comptes, à la Cour des Aides, au bureau des finances de Rouen ; qu'il fait partie du gouvernement de Normandie, que quant au spirituel il est de l'archevêché de Rouen... qu'il a été compris dans les lettres patentes accordées pour la rédaction de la Coutume réformée... »

Voici une nomenclature, que nous n'oserions garantir complète, des paroisses où s'étendait le comté d'Eu :

Saint-Aignan, Ancourt, Arques, Assigny, Aubéguimont, Aubermesnil, Auberville, Avesnes, Bailleul-sur-Eaulne, Baromesnil, Bazinval, la Belloie, Bernapré, Biville, Blangy, Boissay, Bosgeoffroy, Boscricard, Boscrocourt, Bournambusc, Bouteilles, Brunville, Campneuseville, Capval, Caudecoste, Le Caule, La Chaussée, Criel, Cuverville, Dancourt, Desville, Envermeu,

42

sortissant du Parlement de Paris, soustrayait à la juridiction du Parlement de Normandie le canton d'Eu et
une partie de celui d'Envermeu ; la haute justice du
comté, puis duché de Longueville (1), qui subsista jusqu'en 1692, époque de la réunion du duché à la couronne, exista quelque temps comme juridiction séparée
du bailliage d'Arques, auquel elle fut plus tard réunie,
et donna ensuite naissance, par aliénation du domaine, à une série de hautes justices particulières

Escotigny, Estalonde, Estoquigny, Estrehan, Favencourt, Floques, Fobny,
Fontaine-le-Dun, Foucarmont, Fréauville, Le Fresne, Fresnoy, Gerpon-
ville, Gonneville, Grandcourt, Grémonville, Greny, Cruchet-Saint-Siméon,
Guerville, Guillemescourt, Hesmie, Heudelimont, Hinsseville, Saint-Jean-
du-Cardonnay, La Joncquière, La Londe, Saint-Laurent-de-Brévedent, La
Lesquene, Saint-Léger, Lignemare, Longroy, Maisoncelles, Saint-Martin-
au-Bosc, Saint-Martin-le-Gaillard, Manteville-sur-Dourdan, Melleville,
Mesnières, Mesnil-Réaume, Mellemont, Millebost, Monchaux, Mouchy,
Neufville-sur-Eaulne, Octeville, Ourville, Parfondeval, Penly, La Pierre,
Saint-Pierre-en-Val, Pierrepont, Pissy, Puisenval, Saint-Quentin, Quiè-
vrecourt, Réalcamp, Saint-Remy, Richemont, Saint-Riquier, Roumare,
Saint-Saire, Sassetot, Sauchay-le-Haut, Sauchay-le-Bas, Sept-Meules,
Smermesnil, Saint-Soupplis, Tocqueville, Touffreville, Tréport, Val-du-
Roy, Varimpré, Les Vieilles-Landes, Villy.

(1) *Duché de Longueville.* — On trouve l'indication de toutes les paroisses où s'étendait la haute justice du duché de Longueville, dans l'in-
formation qui fut faite en 1316, après la confiscation sur Enguerrand de
Marigny, par les soins de Gilles de Remy, clerc, Gealian Tristau, huissier
d'armes du roi et Jehan de la Porte, bailly de Caux.

Longueville fut réuni à la couronne par arrêt du Conseil du 9 mars
1694. Un bailliage royal et vicomtal y fut établi par édit de décembre
1696. Un autre édit de septembre 1744 le réunit au bailliage royal
d'Arques (*Recueil des Édits*, t. VIII, p. 143. Voir les soumissions qui y
sont jointes).

telles qu'Auffay (1), Bacqueville (2), Braquetuit (3), Fresles (4), Longueil (5) et Ventes d'Eawy (6). — La

(1) *Auffay.* — La haute, moyenne et basse justice des paroisses d'Auffay, Heugleville, Tostes, Calleville et Saint-Vaast-du-Val fut aliénée au profit de Jean-Baptiste Benzelin, sʳ de Bosmelet, président au Parlement, par le prix de 5,500 fr., suivant contrat du 15 février 1703, registré au Bureau des Finances le 15 janvier 1704.

(2) *Bacqueville.* — Les appels relevaient pour le civil du bailliage d'Arques, pour le criminel et la police de la cour.

Elle s'étendait sur huit paroisses : Bacqueville, Royville, Lamberville, Lammerville, Brachy, Saint-Ouen-prend-en-Bourse, Bonnetot.

Démembrée et aliénée au profit de Jean-Baptiste de Boivin, seigneur de Bonnetot, P.-P. en la Chambre des Comptes, par contrats des 11 octobre 1702, 15 mars 1703, 17 décembre 1705. La haute justice de Brachy fut payée 523 l., celle de Bacqueville et autres paroisses, 3,446 l.

(3) *Braquetuit.* — Audience le jeudi à dix heures.

Les appels ressortissaient au bailliage; la juridiction s'étendait sur Bracquetuit, Louvetot, les Innocens, Benzeville-la-Giffard, Beaumont-le-Harenc.

La haute justice des Innocens fut aliénée par le prix de 440 l. au profit de Pierre Godard de Belbeuf, par contrat du 18 janvier 1703. Celle de Bracquetuit, avec le patronage et le domaine, à tenir par demi-fief de haubert, fut aliénée au profit du même, par le prix de 2,336 l. 3 s., suivant contrat du 14 octobre 1702, registré le 15 mai 1705.

(4) *Fresles.* — Juridiction supprimée par édit de décembre 1776 et réunie au bailliage de Neufchâtel.

Le maréchal de Cœuvres acquit par contrat du 14 février 1704, registré le 18 janvier 1706 et par le prix de 3,080 fr., le droit de haute justice sur la paroisse de Bures, sur 22 feux à Burettes, 10 à Saint-Valery, Fresles, Ardouval, Bradiancourt, Fontaine et Brémontier.

Et par contrat du 28 février 1704, registré le 28 février 1706, moyennant 322 l. 13 s. 4 d., la haute justice sur Pommereval avec seigneurie directe de 28 feux, et la haute justice de Maintru.

(5) *Longueil.* — La juridiction s'étendait sur sept paroisses : Longueil, Ambrumesnil, Ouville-la-Rivière, Quiberville, le Thil, Gueurres et Brumesnil.

(6) *Ventes d'Eawy.* — Le *Tableau* de 1778 indique qu'elle est pour

haute justice appartenant à l'archevêché de Rouen dans
la ville de Dieppe (1) et les paroisses de l'Alihermont,

la relevance comme Bacqueville. « Cette haute justice est fort étendue et
comprend tout le territoire des grandes et petites Ventes dont la seigneurie appartient à M. le comte de la Heuse » (Le Cordier de Bigars).

(1) *Dieppe.* — V° *Recueil des Edits* enregistrés au Parlement de Normandie, t. VI, p. 269.

Dans l'aveu de la temporalité de l'archevêché de Rouen rendu par
Georges d'Amboise le 28 avril 1501, il énonce :

« Les villes, terres et seigneuries de Dieppe, du Pollet et Bouteilles,
auxquelles ledit archevesché a haute moyenne et basse justice à cause de
sa dignité archiépiscopale.

« Les villes, terres et seigneuries de Douvrend et d'Alihermont... »

Elles s'étendaient à Saint-Nicolas, Notre-Dame et Saint-Jacques, Sainte-
Agathe-d'Alihermont, Crodalle, Arques, Dampierre, Meulers, Angerville,
Envermeu, Douvrendel, Humesnil, Martin-Eglise et Douvrend.

Les appels du bailly de Dieppe ressortissaient aux Hauts jours. Voir un
arrêt du Parlement du 24 mars 1721 sur la juridiction des Hauts jours. Il
maintient les juges et officiers de la ville de Dieppe dans la compétence
de connaître de lettres de séparation civile, bénéfice d'inventaire, bénéfice d'âge et autres lettres de justice, défense aux juges et officiers
d'Arques d'en prendre connaissance dans l'étendue de la haute justice
de Dieppe... « a maintenu les dits juges et officiers de leur haute justice de
Dieppe dans la connaissance et jurisdiction de toutes actions concernant
les rentes et biens appartenans aux églises, trésors, fabriques, charités ;
confréries et maisons religieuses, situés dans le territoire de la dite haute
justice comme aussi dans la compétence de connaître des causes civiles
des ecclésiastiques et des criminelles, esquelles lesdits ecclésiastiques seront demandeurs et plaintifs seulement, et dans la compétence de con-
naitre des différens et contestations qui peuvent naître entre les maîtres
des métiers même pour les droits de chapelle, des jurandes, des maîtres
et apprentis des corps et communautés d'orfèvres, peintres, sculpteurs et
autres et généralement de tout ce qui concerne lesdites communautés ;
connaitront aussi les juges et officiers de ladite haute justice des grossesses des filles sous promesse de mariage et de la liquidation des intérêts pour non accomplissement desdites promesses. »

puis celle de la baronnie de **Manéhouville** (1), confondue dans celle de Longuevillle, tant que le duché ne fut pas réuni à la couronne, et qui reprit une existence propre, proclamée dans un arrêt du Parlement du 18 décembre 1721. Le siège de sa juridiction était à Fontaine-le-Dun et elle s'étendait dans une cinquantaine de paroisses.

Le duché d'Estouteville, dont le siège était à Valmont, avait également un siège de justice à Appeville, Bas-de-Hautot (2), pour les tenanciers de sa châtellenic de Hotot-sur-Dieppe et sa baronnie de Berneval. Il faut y ajouter encore le Bourgd'un (3).

Dans le périmètre de l'arrondissement du Havre, les deux grandes hautes justices étaient celles des comtés de Lillebonne (4) et de Tancarville-Hallebosc (5), qui

(1) *Manéhouville.* — Le siège de cette haute justice était à *Fontaine-le-Dun* (V. page 32, note 4).

(2) *Appeville-Bas-de-Hautot.* — Siège du duché d'Estouteville. Voir notre brochure : *Un procès entre deux hauts justiciers.* Lestringant, 1891, p. 17, note.

(3) *Le Bourgd'un.* — En 1710, le marquis d'Herbouville se qualifiait seigneur haut justicier du Bourgd'un.

(4) *Lillebonne.* — On trouvait à Lillebonne un bailly vicomtal « juge de police dans les marchés et enclaves de Bolbec et Lillebonne, les lundi et mercredi et juge de la manufacture établie au bourg de Bollebec » (Archives de la S.-Inf., aveu du 1er avril 1685), un maître des Eaux et Forêts ayant juridiction sur les pêcheurs en la rivière de Seine, et cette haute justice s'étendait (*id., ibid.*), aux paroisses de N.-D. et Saint-Denis de Lillebonne, le Mesnil, N.-D. de Gravenchon, Petiville, Saint-Maurice-d'Estelan, Norville, Saint-Cler-sur-les-Monts, Sainte-Marguerite-des-Champs, Yvetot, Etalleville, Cauville, Bénesville, Anvronville, Boschymont, Triquerville, Touffreville-la-Câble, Auberville, la Fresnaie, Lintot, la Trinité-du-Mont, Folleville, Saint-Nicolas-de-la-Taille, Saint-Romain-de-

46

toutes deux avaient un siège à Bolbec, où se trouvait
également le siège de la haute justice de l'abbaye du
Valasse (1) ; à côté de ces deux grands centres de justice
féodale, on comptait les hautes justices d'Epreville (2),
d'Etretat (3), de Fécamp (4), pour les tenanciers de l'abbaye ; une haute justice à la Houssaye (5) dont le siège

Collebosc, Oudalle, Étainhus, Espretot, les Trois-Pierres, Mélamare,
Loiselières, Saint-Eustache-la-Forêt, Beuzeville, Saint-Jean et Saint-Gilles-
de-la-Neuville, Saint-Laurent-de-Bolbec, Lanquetot, Bolleville, Rouville,
Raffetot, Nointot, Houquetot, Yébleron, Bréauté, Trouville et Gruchet.

(3 de la page précédente) : *Tancarville-Hallebosc.* — On trouve dans
un aveu du 16 septembre 1658, rendu au comté de Tancarville par Fran-
çoise Puchot, veuve du président Maignart de Bernières pour le plein fief
du Chambellan, assis à Bernières. « Item entouré de murs à cause du
fief *Chambellan* un lieu et place assis à Bollebec sur lequel est basti la
cohue et prétoire ou se tenoit et ou se tient encore la jurisdiction de la
haute justice de la baronnie de Hallebosc. »

Dépendaient de cette haute justice : Bolbec, en partie, Radicastel, Beu-
zevillette, en partie, Guillerville, Esquimbosc, Yébleron, en partie, Biel-
leville, Cleville, Alliquerville, en partie, Saint-Aubin-de-Cretot, Esquimbosc.

(1) *Le Valasse.* — Elle avait son siège à Bolbec et s'étendait à Bolbec,
Saint-Arnoult et Gruchet, à Auberville-la-Campagne et les Maunoirs (?).

(2) *Épreville.* — Indiquée dans le *Pouillé de la Vicomté de Caudebec*
comme s'étendant sur partie d'Angerville-la-Martel.

(3) *Étretat.* — Elle fut aliénée au profit de M. de Martonne de Verge-
tot qui la rétrocéda avant 1708 à M. de Noury de Benouville. Nous ne
savons si elle fonctionna régulièrement.

(4) *Fécamp.* — La haute justice de l'abbaye s'étendait dans la vicomté
de Caudebec, sur les paroisses de Bondeville, Senneville, Életot et Saint-
Pierre-en-Port.

(5) *La Houssaye.* — Ce siège était à Bolbec. Elle est indiquée par le
Pouillé de Caudebec comme s'étendant en partie sur les paroisses de
Bolbec et Nointot.

était à Bolbec ; d'autres à Saint-Martin-du-Manoir (1),
et à la Remuée (2), ancienne annexe du duché d'Estouteville, dont le siège était dans les faubourgs de Montivilliers.

La baronnie d'Esneval avait également un siège à
Criquetot (3).

Dans l'arrondissement de Neufchâtel, la presque totalité des cantons de Blangy et Londinières et une partie
de ceux de Neufchâtel et de Gaillefontaine, dépendaient
judiciairement du comté d'Eu (4) ; la plus grande partie
du canton d'Aumale dépendait de la haute justice du duché de ce nom (5), la châtellenie de Gaillefontaine (6),

(1) *Saint-Martin-du-Manoir.* — Démembrement de Longueville, aliéné
pour le prix de 400 l. au profit de Gaspard Toustain de Frontebosc, sieur
de Richebourg, suivant quittance du trésor du 15 mars 1703.

(2) *La Remuée.* — L'un des sièges du duché d'Estouteville. Elle se
tenait dans un des faubourgs de Montivilliers. V° *Un procès entre deux
hauts justiciers,* p. 16, note.

(3) *Criquetot-l'Esneval.* — Siège particulier de la haute justice
d'Esneval.

(4) *Comté d'Eu.* — V° la note 26 de la page 26.

(5) *Duché d'Aumale.* — Le duché d'Aumale avait aussi juridiction de
verderie. Son ressort s'étendait sur les paroisses d'Auchy, Aumale, Beau-
camp, Beaufresne, Coupigny, Ellecourt, Foursignies, Fresnoy, Frétils,
Saint-Germain, Guemicourt, Guillemerville, Haudricourt, Illois, Marques,
Mesnil-David, Pierrecourt, Restonval, le Ronchoy, Rothois, Vieil-Rouen,
Villers-sous-Aumale, Villers-sous-Foucarmont.

Quoique duché-pairie, ses appels étaient portés au Parlement de Normandie. On lit dans l'aveu du 1er août 1624 (A. S. J.) « les sentences
des viconte et verdier ressortissant par devant nostre bailly et celles
dudit bailly sans moyen à la cour de Parlement à Rouen. »

(6) *Châtellenie de Gaillefontaine.* — Elle s'étendait dans les paroisses
d'Avesnes, Beaubec, Beaussault, la Bellière, Bazancourt, Bouelles, Com-
painville, Forges-en-Bray, le Fossé, Gaillefontaine, Haucourt, Long-

48

embrassait une grande partie du canton de Forges, où se trouvait également la haute justice de la châtellenie de la Ferté-en-Bray (1) qui englobait presque tout le canton de Buchy, de l'arrondissement de Rouen ; enfin la haute justice du comté de Gournay (2) dépassait les limites du canton actuel et s'étendait notablement dans le département de l'Oise.

A côté de ces grands domaines féodaux, il fallait compter les hautes justices de Beaubec, Bully, Canchy, Dancourt, Foursigny, Grandpré, Graval, Mortemer, Roncherolles, Sommery, Villedieu. La plupart d'entre elles (sauf Beaubec) furent supprimées et réunies à

mesnil, Louvicamp, Saint-Maurice, Mesnil-Mauger, Nesle, Neufville-Ferrière, Saint-Rémy-en-Rivière, le Thil-en-Bray et Trefforest.

Ses appels étaient portés au Parlement (V° Arch. de la S.-Inf., aveu du 14 août 1626).

(1) *La Ferté-en-Bray.* — (V. la note suivante). Elle s'étendait dans les paroisses d'Argueil, Boisbordel, Boisgautier, Boisguilbert, Boishéroult, Bosc-Asselin, Bosc-Edeline, Bosc-Mesnil, Bosc-Roger, Boissay, Bruque-dalle, Buchy, Catillon, la Chapelle-Saint-Ouen, Chef-de-l'Eau, Sainte-Croix, Elbeuf-sur-Andelle, Estouteville, Fry, la Hallotière, Héronchelles, Saint-Lucien, Saint-Martin-du-Plessis, Massy, Mathonville, Mauquenchy, Mesangueville, Mesnil-Lieubray, Montagny, Neufbosc, Nolleval, Perdu-ville, Saint-Samson, Sigy, Sommery, Vimont, avec extensions considé-rables à Saint-Aubin-sur-Cailly, les Authieux-sur-Buchy, Beaubec, Bier-ville, Bradiancourt, Ernemont, Esclavelles, Forges, le Fossé, Sainte-Geneviève, la Haie-en-Lions, le Héron, Hodenc, Saint-Martin-le-Blanc, Montérollier, Morville, Puy-sur-Ry, Rebais, Roncherolles, Roquemont, la Rosière, Sermonville-la-Rivière, Serqueux (*Alm. de Norm.*, 1790).

Les appels étaient portés au Parlement.

(2) *Gournay-en-Bray.* — Vicomté démembrée d'Arques en 1408. Les comtés de Gournay et la châtellenie de la Ferté appartinrent à la Couronne, de 1202 à 1461, temps de l'échange qu'en fit le roi Louis XI, en tel

Neufchâtel par édit de décembre 1776, mais Cauchy (1), Roncherolles et Sommery (2) furent rétablies par un autre édit de 1782.

Reste enfin l'arrondissement d'Yvetot où les hautes justices féodales ne jouaient pas un rôle moins important.

Parmi les plus considérables, nous signalerons la haute justice du duché d'Estouteville (3) dont le siège principal était à Valmont, avec un siège accessoire à Fauville ; elle s'étendait dans les cantons de Valmont,

état qu'il le possédait sans en rien réserver que l'hommage et la souveraineté (*Alm. de Norm.*, 1790).

Les paroisses qui en dépendent sont, outre les vingt-quatre paroisses et hameaux des conquêts Hue de Gournay, Abancourt, Alge, Avesnes, Bellosanne, Beuvreuil, Besancourt, Boshion, Bouricourt, Brémontier, Courselles, succursale de Haussez, Cuy, Dampierre, Elbeuf, Fricourt, hameau de Haussé, Fontenay en partie, Grumesnil, Hodeng-Hodenger, Ménerval, Merval, Saint–Aubin, Saint-Clair, Saint-Michel-de-Halescourt, Saumont.

Audience tous les mardis et les samedis, de quinzaine en quinzaine, à dix heures du matin.

Les appels ressortissent à la Cour.

(1) *Cauchy-Roncherolles-Sommery*. — Ces trois juridictions supprimées et réunies au bailliage de Neufchâtel, par édit de décembre 1776, furent rétablies par autre édit du mois de juillet 1782, registré au Parlement le 11 septembre suivant et au bailliage le 26 février 1783.

(2) *Sommery*. — La haute justice de Sommery à exercer sur les paroisses de Sommery et Sainte-Geneviève avait été acquise par Louis du Mesnil, marquis de Sommery, suivant contrat du 10 novembre 1703, registré au Parlement le 29 avril 1704 (Vo aux Arch. de la S.-Inf. l'aveu rendu au roi le 27 mars 1733).

(3) *Duché d'Estouteville*. — Vo les lettres d'érection de cette haute justice et ses extensions dans notre brochure : *Un procès entre deux seigneurs hauts justiciers (Valmont et Cany-Canyel) au XVIIIe siècle*. Rouen, Lestringant, 1891, pages 13 à 17.

Fauville, Ourville et partie de Cany ; la châtellenie de Cany-Canyel (1), ancienne dépendance directe du domaine royal, échangée en 1370, comprenait la plus grande partie du canton de Doudeville, avec une partie de celui de Saint-Valery et de Fontaine-le-Dun.

A Grainville-la-Teinturière (2), il y eut également jusqu'à la réunion du duché de Longueville à la Couronne, un siège dépendant de sa haute justice ;

De même qu'à Fontaines-le-Dun, le siège même de la haute justice de Manéhouville (3), et à Ourville (4) un siège ressortissant du comté d'Eu.

(1) *Cany-Canyel.* — V. la même brochure, p. 17 et suiv.

Cette juridiction s'étendait dans la sergenterie de Cany sur les paroisses d'Angens, Autreay, Berville, Cany, Sainte-Colombe, Crosville, Drosay, Estalleville, Flamanville, Gueutteville, Hautot-l'Auvray, Héberville, Héricourt, Hocqueville, Manéhouville-Colleu, Mesnil-Geoffroy, Pleine-Sève, Sassetot, Tourville, Veauville-les-Quelles, et sur toute la sergenterie de Cancville, moins Berville et Veaulipac.

(2) *Grainville-la-Teinturière.* — Siège annexe de la haute justice du duché de Longueville, devenu bailliage royal, 1696, définitivement réuni au bailliage royal de Cany.

(3) *Manéhouville.* — La baronnie de Manéhouville, reconnue indépendante du duché de Longueville, par arrêt du 18 décembre 1720, rendu au profit de Jacques de Matignon, comte de Thorigny, avait son siège de justice à Fontaine-le-Dun. Elle s'étendait dans les deux vicomtés d'Arques et de Caudebec, sur les paroisses suivantes :

Archeilles, Gauchiliers, Louville, Belleville, Bérengeville-le-Grand, Bérengeville-le-Petit, Berneval, Bréville-la-Rivière, Blosseville, Boserobert, Bonneville, Bonville, la Chapelle-sur-Torchy, la Chaussée, Crasville-la-Maliet, Englesqueville, Envermeu, Estalleville, Étables, Eurville, Freulleville, la Gaillarde, Gelleville, Saint-Germain, Gonneville, Grainville-la-Regnard, Gueures, Heugdeville, la Heuze, Saint-Laurent-en-Caux, Lindebeuf, Manéhouville, Manteville-sur-Dourdan, Montebourg, Muchedent, Saint-Pierre-le-Petit, Saint-Pierre-le-Vieil, Saint-Pierre-le-Viger, Saint-Sauveur-de-Thiboutot, Saint-Soupplix, Thibermesnil, le Torp, Tostes, Tourville et Vicquemare. V. l'imprimé de l'arrêt de 1720 (Rouen, P. Cabut, 7 p. in-4°).

(4) *Ourville.* — Siège de vicomté relevant du comté d'Eu. Elle s'étendait à Ourville, Gerponville, Mauteville-sur-Dourdan (V. p. 26, note 6).

Mais l'abbaye de Fécamp, à cause de sa baronnie de Vittefleur (1) y possédait une haute justice qui comprenait presque tout le canton de Saint-Valery, avec une portion notable de celui de Fontaine-le-Dun, où la vicomté de Blosseville (2) avait également sa haute justice, s'étendant sur un grand nombre de communes avoisinantes.

Près de Caudebec, le comté de Maulévrier (3) avait son prétoire dans les faubourgs mêmes et embrassait en tout ou en partie quinze ou seize paroisses voisines.

Ce qui n'empêchait pas l'existence concomitante des hautes justices de Baons-le-Comte (4), Derville-en-

(1) *Vittefleur*. — Les appels en étaient portés à la Cour. Elle s'étendait à Cailleville, Ermenouville, Gueutteville, Hocqueville, Houdetot, Ingouville, Manneville-ès-Plains, Mesnil-Durdent, Néville, Paluel, Saint-Requier, Saint-Sylvain, Saint-Valery-en-Caux et Vittefleur.

(2) *Blosseville*. — La vicomté de Blosseville avait droiture de marché à Avremesnil-Pitié le lundi, à Veulles, le mercredi et le samedi, au Bourgd'un le jeudi, et à Fontaine-le-Dun le vendredi. Sa haute justice s'étendait nécessairement dans ces paroisses, et dans celles de la Chapelle-sur-Dun, Angiens, Saint-Pierre-le-Vieil, la Gaillarde.

(3) *Maulévrier*. — Cette haute justice s'étendait à Alvimare, Saint-Arnoult, Bermonville, Bolbec, Carville-la-Folletière, Étoutteville, Foucart, Fréville, Saint-Gilles-de-Cretot, Sainte-Marguerite, Rençon, Roquefort, Saint-Sylvestre et le Trait.

(4) *Baons-le-Comte*. — La juridiction ne portait que sur une partie de la paroisse des Baons. Les appels étaient portés au bailliage de Caudebec. Les droits de haute justice, de sergenterie et de tabellionage sont rappelés dans les aveux rendus au roi par Guy et Antoine-Charles de Perthuis, les 19 mars 1680 et 24 février 1742 (A. S. I.). Le vicomte de Caudebec venait tenir ses plaids à Baons-le-Comte de 15 en 15 jours. Le *Pouillé de Caudebec*, déjà cité par nous, et qui est de la moitié du xvrii siècle, porte cette indication : « Il n'est plus dans cette obligation, ayant fait réunir ce siège à celui de Caudebec. »

Caux (1), Canouville (2), Cliponville (3), Ecretteville (4), Etouteville (5), Grémonville (6), Hautot-

(1) *Berville-en-Caux*. — Dans son aveu du 2 août 1666, Balthazard
Le Marinier, haut justicier de Cany-Canyel, prétendait que les appels de
Berville devaient être portés à sa haute justice. Un arrêt de la Chambre
des Comptes du 9 juin 1668 l'en évinça. Il y prétendait également droit de
fouage. Il en fut débouté par sentence du bailliage de Cany, du 26 mars
1774, confirmée par arrêt des Enquêtes du 16 février 1777.

Dans son aveu au roi, du 9 mars 1586, Jehan de Moy, seigneur de la
Mailleraye, revendiqua le droit de haute justice pour sa vicomté de Berville, « issant au siège des assises de Cany, bailliage de Caux pour les
causes civiles, et au Parlement de Rouen pour les causes criminelles. »
(Arch. de la S.-Inf.).

Elle avait des extensions à Ouville-l'Abbaye, Veauville-les-Baons, An-
zouville-sur-Saâne, Saint-Just, Gravenchon et Guenouville près Bourg-
Achard.

(2) *Canouville*. — Les appels en étaient portés au bailliage de Cany.
Elle s'étendait sur les paroisses de Canouville, Crosville et Malleville en
partie.

(3) *Cliponville*. — Les appels ressortissent aux Hauts jours de l'archevêché.

(4) *Escretteville*. — Les appels étaient portés devant la Cour. Cette
juridiction n'englobait qu'une partie de la paroisse.

(5) *Etouteville*. — Les appels étaient portés au bailliage de Caudebec.
La juridiction s'étendait sur une partie d'Escretteville.

(6) *Grémonville*. — Elle appartenait au marquis de Grémonville, et les
appels en étaient portés devant le bailly d'Eu.

Nous donnons ici le libellé d'une nomination de procureur fiscal pour
cette haute justice en 1666. Elle fait partie de notre bibliothèque :

Nous, Marc Nicolas Bretel, chevalier seigneur de Grémonville, Yvecrique, Sainct Germain, Lucy, Fesque, Orival, Vatierville, Sauseuse, Mard,
Saincte Beuve Espinay et autres terres et seigneuries ; sallut. Scavoir
faisons que pour le bon et louable rapport qui nous a esté faict de la personne de maistre Vulfran Simon, sr des Auxilhez, advocat en la cour de
parlement de Rouen et de ses sens, suffisance, légalité, religion catho-
lique, apostolique et romaine, à iceluy pour ces causes et autres bonnes
considérations à ce nous mouvantes. Avons donné et octroyé, donnons et

Saint-Sulpice (1), Houdetot (2), Saint-Martin-aux-Buneaux (3), Veauville-les-Baons (4) et Yvecrique (5).

Et tout cela se mouvant avec une variété de mouvances des plus curieuses.

Yvecrique relevait de Longueville et plus tard du bailliage d'Arques ; Ourville et Grémonville du comté d'Eu.

Les unes relevaient directement de la cour du Parle-

octroyons la charge de procureur fiscal à nostre haute justice de Grémonville pour par luy soy y faire recevoir et en jouir aux honneurs, profits et émolumens y attribuez. En foy de quoy nous avons signé ces présentes et faict sceller du sceau de nos armes. Donné à nostre chasteau dudit Grémonville le vingt-quatre février 1666.

(Signé) BRETEL DE GRÉMONVILLE.

Sceau de cire rouge en placard sur queue de parchemin, au chevron avec trois molettes, brisé en la cime d'une fleur de lys, au chef chargé d'un breteau de (pas d'indication d'émaux), couronne de marquis sommée d'un cimier supports, 2 licornes.

(1) *Hautot-Saint-Sulpice.* — Les appels en étaient portés au bailliage de Caudebec.

(2) *Houdetot.* — Cette juridiction est indiquée aux *Tableaux de Rouen*, 1775-1778.

(3) *Saint-Martin-aux-Buneaux.* — Les appels étaient portés au bailliage royal de Cany.

La juridiction s'étendait sur Saint-Martin, Vinemerville et Veulettes.

Elle appartenait aux Bigot de Sassetot.

(4) *Veauville-les-Baons.* — Haute justice créée depuis 1702. Du ressort du bailliage de Caudebec.

(5) *Yvecrique.* — Démembrement du duché de Longueville, aliénée le 7 décembre 1702, par le prix de 587 l. 8 s. au profit de Nicolas Heudebert du Buisson, conseiller d'État, intendant des Finances, qui la rétrocéda à Elisabeth Bretel, marquise de Grémonville, veuve d'Adrien de Canouville, seigneur de Grosmesnil, et fut porté par elle aux Le Roux d'Esneval.

Les appels relevaient du bailliage de Longueville, et après sa suppression, du bailliage d'Arques.

54

ment, comme Blosseville, Cany-Canyel, Ecretteville,
Fauville, Fontaine-le-Dun, Maulévrier, Valmont et
Vittefleur;

Une autre des hauts jours de l'archevêché : Cliponville;

Telles autres du bailliage royal de Caudebec, comme
Baons-le-Comte, Etoutteville, Hautot-Saint-Sulpice,
Veauville-les-Baons;

Et les dernières du bailliage royal de Cany : Berville-
en-Caux, Canouville et Saint-Martin-aux-Buneaux.

On comptait même dans le bailliage de Caudebec une
haute justice qui n'avait qu'une existence annuelle de
huit jours, c'était celle de l'abbaye de Saint-Wandrille
dont, par un privilège spécial, le sénéchal « avait droit
de haute justice dans la ville de Caudebec pendant la
semaine de my-caresme (1); » tandis que certaines,
comme la haute justice de Cliponville, appartenant à
l'archevêché de Rouen, semblaient susceptibles d'une
extension illimitée. Nous trouvons en effet, dans un
mémoire de la moitié du XVIIIᵉ siècle, l'observation suivante :

« Cette haute justice ne devrait point avoir de juridiction hors la paroisse; mais à présent elle prétend qu'elle
a des teneures dans tout le pays de Caux; n'y ayant
guères de village, où elle ne prétende avoir une maison
ou deux qui sont marquées d'une croix de fer sur le haut

(1) Arch. départ. *Acquisitions 1891.* Pouillé de la vicomté de Caudebec, document intitulé : *Détail des juridictions royales de Caudebec,
qui sont enclavées dans la vicomté dudit lieu et des hautes justices
qu'elle renferme.*

de la cheminée. On conjecture non sans fondement que MM. les Archevesques de Rouen, à qui cette haute justice appartient, ayant voulu savoir le revenu de l'église dans leur diocèse, se sont fait donner des déclarations et que toutes ces maisons qui étaient affectées à des rentes foncières envers l'église, furent ainsi distinguées, et par la suite les déclarations ayant été converties en aveu, ces maisons se sont soustraites à leurs premiers seigneurs. »

Nous terminons ici cette revue de nos hautes justices ; en présentant ce tableau d'ensemble, nous avons voulu indiquer un sujet d'étude plutôt que l'épuiser, heureux si, pour quelques-uns de nos lecteurs, il a éclairé un des côtés de cette organisation féodale de notre haute Normandie qui fait, depuis plus de trente ans, l'objet de nos recherches ; plus heureux encore, si notre exposé a pu les intéresser.

www.ingramcontent.com/pod-product-compliance
Lightning Source LLC
LaVergne TN
LVHW021822170726
843503LV00007B/3324